Inhaltsverzeichnis

... bloß ein
Indianermädchen

Vorwort

Das Konzept der LAUTER-LESEN-Reihe eröffnet Lehrkräften und anderen Betreuern von Kindern im Grundschulalter mehrere Möglichkeiten der Umsetzung. Die Hefte können eingesetzt werden,

- **um Texte als Hörspiele mit sogenannten „Lesejobs" und „Soundjobs" aufzuführen**
  (**Kurzanleitung:** Text kopieren → Requisiten für die Soundjobs entsprechend der Liste am Anfang des Textes zusammenstellen → Rollen verteilen → die Darsteller ihre Rolle im Text markieren lassen → Requisiten für die Soundjobs verteilen → ... und los!)

- **oder als Grundlage zur Aufführung eines Bühnenstückes.**
  (**Kurzanleitung:** Text kopieren → Requisiten für die Soundjobs entsprechend der Liste am Anfang des Textes zusammenstellen → Rollen verteilen → die Darsteller ihre Rolle im Text markieren lassen → Requisiten für die Soundjobs verteilen → ... und schon kann die erste Probe beginnen, bei der der Text noch abgelesen werden darf.)
  Um Requisiten für das Theaterstück, Bühnenbild und Kostüme kann man sich später kümmern.

Darüber hinaus eignen sich die unterhaltsamen Texte auch einfach zum Vorlesen. Wenn beim Vortrag nicht nur gesprochen, sondern die jeweilige Geschichte auch mit Hilfe von Geräuschen erzählt wird, bekommt sie einen ganz neuen Charakter, wird lebendiger, interessanter, mitreißender und regt die Fantasie stärker an. Lesen wird zum Abenteuer!
Leseförderung und Unterstützung einer Theaterkultur an Schulen: Beides ist mit LAUTER LESEN zu erreichen.

Das Spannende an dem Konzept besteht darin, dass wirklich alle Kinder einer Klasse / Gruppe gemeinsam lesen sollen – motiviert, überprüfbar und ihrem Können bzw. ihren Möglichkeiten entsprechend, also ohne Misserfolg und daher ohne Frustration.
Ein Text soll dabei tatsächlich lebendig werden, d. h., mit einfachsten Mitteln und wenig Aufwand kann aus einem Blatt Papier mit Schriftzeichen sowie ein paar Akteuren eine Art Bühne wachsen, die Gelesenes spannend und überraschend im Sinne eines Hörspiels erleben lässt. So treten Texte aus ihrer Begrenztheit als geschriebenes Wort heraus und werden interessanter. Methoden und Techniken der Darstellung einer Geschichte in Form eines Hörspiels sind Kindern bestens vertraut – früher wurden Kassetten gehört, heute CDs oder Podcasts. Daher gibt es seitens der Kinder auch keine Probleme, eine Vorstellung davon zu entwickeln, wie sich das Ergebnis ihres LAUTER-LESEN-Stückes anhören könnte. Regieanweisungen gibt es nicht. Die Schauspieler entwickeln ihre Rolle komplett eigenständig. Die Texte erklären sich selbst.

Die LAUTER-LESEN-Texte gliedern sich zum einen in gesprochene Passagen – die „Lesejobs" für den Erzähler und die unterschiedlich umfangreichen Rollen der verschiedenen Protagonisten –, zum anderen in sogenannte „Soundjobs".
Die Rollen werden je nach Fähigkeiten unter den Lesern verteilt. Der Part des Erzählers kann – von einer Position am Rande der Bühne oder aus dem Off – abgelesen werden. Die Erzählerrolle kann (entsprechend dem Leistungsstand einer Klasse) von der Lehrkraft oder einem lesestarken Schüler übernommen oder unter mehreren Schülern aufgeteilt werden. Entsprechend übernehmen gute Leser größere Rollen, schwächere Leser kleine Rollen oder Soundjobs, durch die die Szenen je nach Schauplatz des Stückes und der Handlung mit Geräuschen durch die Kinder

akustisch unterlegt werden. So wird die gesamte Klasse eingebunden.

Auf diese Weise ist eine Erfolgskontrolle möglich, auch ohne dass ein Kind gezwungen ist, vorzulesen: Wer eine Figur im Stück zu sprechen hat, muss sowieso lesen – und zwar nicht nur den eigenen Part, sondern auch den anderen Text, um den eigenen Einsatz nicht zu verpassen. Wer einen „Soundjob" hat, muss ebenfalls mitlesen, um im richtigen Moment einsetzen zu können, ist dabei aber nicht gezwungen, laut zu sprechen. Unterschiedliche Leistungsstände der Mitwirkenden werden berücksichtigt, ohne dass jemand ausgeschlossen wird; es entsteht eine echte Gemeinschaftsproduktion.

Übrigens: Bei Tests mit Schulkassen hat sich gezeigt, dass Kinder am Ende unglaublich stolz auf ihre Aufführung sind! Sie sind sehr motiviert und konzentriert, denn wer will schon dafür verantwortlich sein, dass das Projekt scheitert? Der Wille zum Erfolg entsteht aus dem Gruppengefühl heraus.

Eine weitere neue Erfahrung, die mit LAUTER LESEN verbunden ist: Der eigene Auftritt im Rahmen des Gesamtwerkes verleiht den jungen Akteuren eine gewisse Würde. Sie bemühen sich deshalb engagiert, ihrer Rolle als Sprecher gerecht zu werden und Texte wirklich sinnvoll zu betonen.

Den Kindern nicht so vertraute Begriffe können auch im Deutsch- oder Sachkunde-Unterricht erklärend aufgegriffen werden.

Praktische Tipps für die Aufführung als Hörspiel

- Es hat sich als günstig erwiesen, wenn die Akteure ein Schild vor sich stehen haben, auf dem beidseitig zu lesen ist, welchen Lese- oder Soundjob sie übernommen haben. So vergessen die Mitwirkenden weder selbst, wen oder was sie verkörpern, noch muss sich eine Aufsicht alle Rollen und ihre Darsteller auf einmal merken. Eine Kopiervorlage (mit zum Stück passenden Illustrationen) finden Sie unten auf dieser Seite.

- Ein Lehrer kann bei entsprechender, orchesterartiger Sitzordnung (im Sinne eines Dirigenten) den Schülern bei ihren Einsätzen helfen bzw. diese Einsätze geben. Man könnte die Sitzordnung so gestalten, dass die Kinder nach Schauplätzen gruppiert platziert werden – z. B. nach Dorf, Flussufer oder Lager der Feinde etc. Oder man ordnet die Akteure mit Soundjobs in der Chronologie ihrer Einsätze an. Beides hilft, die Übersicht zu bewahren.

- Hauptrollen können evtl. an einem Tisch vorne vor dem Plenum zusammensitzen, sodass für die anderen Mitwirkenden eine Art Bühnensituation entsteht.

- Bei mehreren Aufführungen sollten die Kinder die Rollen tauschen, sodass schwächere Leser nach und nach anspruchsvollere Rollen besetzen können, weil sie mit dem Text vertrauter werden.

zum Hochkopieren

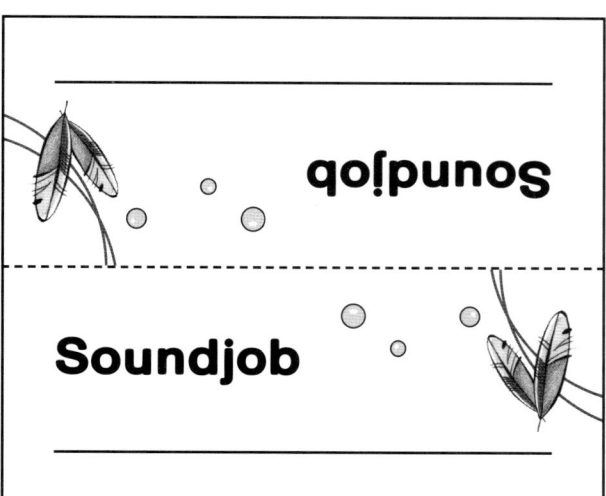

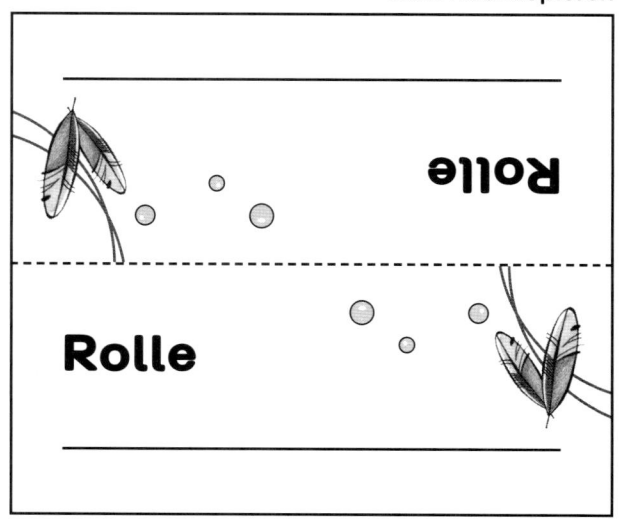

Das Material für eine Aufführung des LAUTER-LESEN-Textes als Hörtheater ist schnell zusammengestellt: Zu Beginn der Geschichte findet sich eine Liste der zu besetzenden Rollen (s. S. 7) und der benötigten Kostüme (s. S. 6) für das Theaterstück. Eine Auflistung der Requisiten für eine Theateraufführung finden Sie auf S. 5 und der benötigten Requisiten für die Soundjobs auf S. 8 und 9.

„… nur ein Indianermädchen" ist ein LAUTER-LESEN-Stück, das geeignet ist für Schüler ab der 2. Klasse. Abgesehen von der Erzähler-Rolle sind die anderen Lesepassagen sehr kurz. Lediglich das Indianermädchen „Birkenblatt" hat ein wenig mehr Text. Es gibt in dieser Fassung 14 Sprechrollen unterschiedlichen Umfangs. Die insgesamt 16 Soundjob-Rollen können beliebig aufgestockt werden, indem man z. B. einen ganzen Vogelschwarm zwitschern oder einige Bäume mit den Blättern rascheln lässt; die Zahl der Rollen kann man ebenso leicht verringern, indem man mehrere Geräusche nur von einigen wenigen Soundjobbern erzeugen lässt.

Jeder Mitwirkende muss seine Rolle in der Liste der Personen (s. S. 7), der Liste der Soundjobs (s. S. 8 und 9) und natürlich auch im anschließenden Text (ab S. 10) farbig in den dafür vorgesehenen Kästchen markieren, um später sicher die richtigen Einsätze zu finden. Ganz nebenbei ist das eine erste Einladung zum Lesen.

In der Liste mit den Soundjobs sind vor den einzelnen Geräuschen zusätzlich Symbole abgebildet, die die Kinder auch im Text wiederfinden. Sie stellen das jeweilige Geräusch dar und erleichtern leseschwachen Schülern und Leseanfängern das Mitlesen.

Bühnenbild

Wenn Sie das Theaterstück aufführen möchten, können Sie auch ein Bühnenbild aufbauen. Die Schauplätze kann man in zwei Bühnenbildern zusammenfassen:

- Das Indianerdorf mit mindestens 3 Zelten, wo „Birkenblatt" nahe bei dem Hockeyspielfeld der Jungen auf einem Baumstumpf (Hocker) sitzt; 2 Zelte stellen die Tore da. In dem einen muss sich „Elchkuh" vor Beginn des Stückes verstecken. Ein weiteres Zelt ist das, in dem „Birkenblatts" Familie samt der Großmutter wohnt. Es sollte offen und einsehbar sein.
  Da, wo die Pferdeherde im Hintergrund steht, könnten die Steckenpferde, die später Verwendung finden, aufgestellt werden (Stecken in sandgefüllte Eimer bohren).
- Bachlauf und Steppe, wo „Birkenblatt" den Kriegern begegnet, und das Lager der Feinde

Bemalte Stellwände (je 1,40 m Höhe x 2 m Breite, s. Kopiervorlage Internet) mit einem Steppenpanorama – Gras, ein paar Büsche, Hügel – können zu Beginn und zum Schluss des Stückes hinter dem Dorf stehen. Bei der Darstellung von „Birkenblatts" Ausflug werden sie nach vorne gezogen und verdecken vorübergehend die Zelte.
In einen Kübel mit Sand kann man einige Weidenzweige stecken, von denen „Birkenblatt" Ästchen pflücken kann. Ein paar gemalte Büsche und Sträucher sollten der Steppe Tiefe geben, das Bachufer säumen und den jungen Kriegern beim Anschleichen als Deckung dienen. Den Bachlauf könnte man mit blauem Stoff (sehr schön: Voilestoffe) oder auch einfach mit blauen Müllsäcken symbolisieren. (**Achtung:** Rutschgefahr beachten!) Als Lager der Feinde dienen einige Decken und etwas aufgeschichtetes Holz als Feuer.

- Soll die Bühnenaufführung ebenfalls mit Geräuschen untermalt werden, kann es zweckmäßig sein, diese über ein Mikrofon zu verstärken, da sie sonst evtl. nicht laut genug sein könnten.

Die Aufführung

Der Weg zur Aufführung soll möglichst einfach und kurz sein. Eine Einladung / ein Plakat finden Sie unter *www.buchverlagkempen.de* im Internet. Die LAUTER-LESEN-Stücke sollen (ob nun als Hör- oder Theaterstück) im besten Sinne Sofort-Aufführungen ermöglichen: Bühne frei und los!

BVK DE46 • Barbara Rath: LAUTER LESEN „… bloß ein Indianermädchen"

Requisiten

- Die Tipis können einfach gebaut werden. Man braucht dazu jeweils 3 – 6 Stangen, Schnur und Decken oder Betttücher sowie Wäscheklammern.
  So geht es:
  Die Stangen in Pyramidenform zusammenstellen und so verschnüren, dass sie gut stehen. Darauf achten, dass das Gerüst so stabil ist, dass ein Schauspieler ruhig mal dagegen stoßen darf, ohne dass das Zelt einstürzt!
  Die Decken mit Wäscheklammern an dem Gestell befestigen.
- Hockeyschläger (lange Stöcke mit kurzem Querast unten) und Ball der Jungen (Die Darsteller der Jungengruppe können später jene Krieger spielen, die mit „Birkenblatts" Vater zu deren Rettung aufbrechen. Am Schluss können sie im Hintergrund den Büffeltanz tanzen – einfaches rhythmisches Stampfen im Kreis im Takt der Trommel.)
- 1 Hocker (als Baumstumpf); Nadel (stumpf!) und Faden; Mokassin (alter Hausschuh oder Socken)
- ein paar Tonkrüge oder Töpfe als Apothekenbehälter der Großmutter im Zelt von „Birkenblatts" Familie
- 2 – 3 Blätter, möglichst wirklich schmale Weidenblätter, die „Birkenblatt" als Muster für ihren Suchauftrag gezeigt bekommt (vorher vom Weidenzweig abpflücken)
- 2 Sandeimer für Steckenpferde und Weidenbusch
- Weidenzweige / Weidenbusch
- blaue Müllsäcke (der Länge nach aufgeschnitten) oder blauer Stoff als Bach
- Waffen der jungen Krieger: Bögen (Ast mit einer Schnur) und evtl. Köcher mit Pfeilen (Pappröhre mit Schnur und einigen Zweigen), die über der Schulter getragen werden
- Feuerstelle einfach auf Pappe malen und einige Stöcke davor drapieren. Die Pappe könnte aufgestellt werden, wenn das Feuer entzündet wird.
- Plüschhase als Beute der Krieger; nicht zu niedlich, schließlich soll er gegessen werden
- Steckenpferde für die Reiter, die „Birkenblatt" aus dem Dorf entgegenkommen. (Stecken, bei denen man an das obere Ende einen auf stabile Pappe gemalten Pferdekopf nagelt.)
- Schlafdecke, in die sich „Birkenblatt" zum Schluss müde kuschelt
- zwei kleine Fische, auf Pappe gemalt (Vorlage s. u.)

Die Vorlage für das Steckenpferd finden Sie unter *www.buchverlagkempen.de* bei dem Heft.

BVK DE46 • Barbara Rath: LAUTER LESEN „.... bloß ein Indianermädchen"

Kostüme

Alle Rollen werden von Indianern gespielt, d. h., alle Kostüme sollten möglichst braun oder in beigen Naturfarben gehalten sein. Indianerkleidung war oft mit Fransen verziert. Wenn möglich, sollten die Kostüme mit Fransensäumen versehen werden, indem man mit der Schere entsprechend Einschnitte macht oder einen Fransenstreifen an die Ärmel und den Saum näht. Die Kleidung sollte daher **alt sein!**

Die Kinder können geschminkt werden, sodass ihr Teint dem von Indianern ähnelt. Die Krieger können auch eine Kriegsbemalung auftragen, wenn sie das möchten.

Schmuck: Indianer trugen oft Ketten mit bunten Perlen als Schmuck. Federn wurden ebenfalls – gefärbt oder ungefärbt – ins Haar gesteckt. Mit diesen Accessoires kann man die Kostüme abrunden. Federn erhalten Sie im Bastelbedarf.

Sicher haben viele Kinder von Karneval noch Kostüme und Perücken, die genutzt werden können.

Rolle	Kostüm
Indianerjungen und -männer	Hosen und Hemden: Um die Hosen wird ein Gürteltuch geknotet. Hierfür bunte, schmale Stoffstreifen verwenden. Bei den Oberteilen können alte Hemden oder T-Shirts mit Fransen verwendet werden (s. o.). evtl. Stirnbänder und / oder eine Feder im Haar, Perücken von Karneval
Indianermädchen und -frauen	Kleider sind leicht aus einem einfachen Stück Stoff herzustellen und werden über T-Shirt und Hose getragen: 1. Ausschnitt für den Kopf hineinschneiden, 2. überstreifen, 3. einen Gürtel um die Taille schlingen und den Stoff entsprechend arrangieren. evtl. Zöpfe, Stirnbänder und Federn
Großmutter	Um die Darstellerin dieser Figur glaubwürdig alt erscheinen zu lassen, könnte man ihr z. B. einen Krückstock geben. weiße bzw. grauhaarige Perücke oder Karnevalshaarspray in Grau
Häuptling Regenbogen	mit einer Federhaube als Würdenträger des Dorfes

Lexikon

für Worte aus der Sprache der Indianer:

Tipi: Lederzelte der Indianer, die sie auf ihren Wanderzügen immer wieder auf- und abbauten.

Mustang: Pferd der Indianer

Mokassin: Lederschuh der Indianer

Geheimnismann: Er war zuständig für Gebete, religiöse Fragen und Kulthandlungen.

Große Sonnen: eine große Sonne = 1 Jahr, eine kleine Sonne = 1 Tag

BVK DE46 • Barbara Rath: LAUTER LESEN „... bloß ein Indianermädchen"

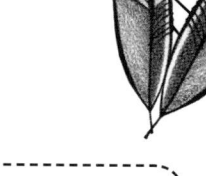

... bloß ein Indianermädchen

Es wirken mit:

☐ Erzähler: _____

☐ Birkenblatt: _____

☐ 1. Indianerjunge: _____

☐ 2. Indianerjunge: _____

☐ 3. Indianerjunge: _____

☐ Elchkuh, Birkenblatts Tante: _____

☐ Wolfsjäger, Birkenblatts großer Bruder: _____

☐ Birkenblatts Mutter: _____

☐ Birkenblatts Großmutter: _____

☐ 1. Schwarzfuß-Krieger: _____

☐ 2. Schwarzfuß-Krieger: _____

☐ 3. Schwarzfuß-Krieger: _____

☐ Birkenblatts Vater: _____

☐ Regenbogen, Häuptling von
Birkenblatts Stamm: _____

BVK DE46 • Barbara Rath: LAUTER LESEN „… bloß ein Indianermädchen"

Soundjobs

	Hockeyspiel-geräusche	in einem Schuhkarton einen kleinen Ball mit einem Stift hin- und herstoßen
	Hockeyball fällt in den Suppentopf	einen Kiesel mit einem Plumps in ein Gefäß mit Wasser fallen lassen
	Seufzen	ein Seufzen nachmachen
	Klappern eines tönernen Topfdeckels	Tasse auf einer Untertasse abstellen und kurz klappern lassen
	Rascheln der Arzneiblätter	mit getrockneten Blättern rascheln
	Schrittgeräusche	mit den Füßen das Geräusch von Schritten auf dem Boden nachmachen
	Vogelzwitschern	auf einer Flöte spielen
	Wasserrauschen des Baches	aus einer Kanne Wasser in ein anderes, mit wenig Wasser gefülltes Gefäß rinnen lassen
	Blätterrascheln	mit belaubten Zweigen rascheln

BVK DE46 • Barbara Rath: LAUTER LESEN „... bloß ein Indianermädchen"

Soundjobs

	Ästchenknacken beim Anschleichen der Feinde	einen kleinen Ast zerbrechen
	Feuerschlagen mit Stahl und Stein	mit einem Löffel ca. 10 Mal auf einen großen Kiesel klopfen
	Feuerknistern	mit Klarsichtfolie knistern
	Schmatzen und Kaugeräusche	mit dem Mund Schmatz- und Kaugeräusche nachahmen (alle drei Schwarzfuß-Krieger)
	Schnarchen	Schnarchlaute nachahmen
	Hufklappern von mehreren Pferden	mit Konservendosen auf hölzernen Schneidebrettern klappern oder Klangstäbe aus Holz aufeinanderschlagen
	Trommelmusik	hinter der Bühne eine Trommel zum Büffeltanz leise rhythmisch schlagen

☐ **Erzähler:**
Birkenblatt sah sehnsüchtig zu den Jungen hinüber,
die heute wieder einmal mitten im Indianerdorf Hockey
spielten.
Die Hockeyschläger hatten am unteren Ende gebogene
Stöcke und einen kleinen harten Lederball,
der mit Pferdehaaren gefüllt war.
Aber vor allen Dingen hatten sie eine Menge Spaß.

☐ **Indianerjunge** – *energisch:*
Gib ab!
Nun gib doch endlich ab!

Hockeyspielgeräusche – *in einem Schuhkarton einen kleinen
Ball mit einem Stift hin- und herstoßen*

☐ **2. Indianerjunge** – *aufgeregt:*
Schneller ...
Nun mach schon!

Hockeyspielgeräusche – *in einem Schuhkarton einen kleinen
Ball mit einem Stift hin- und herstoßen*

☐ **3. Indianerjunge** – *laut:*
Her mit dem Ball!
Jetzt musst du den Pass schießen!

Hockeyspielgeräusche – *in einem Schuhkarton einen
kleinen Ball mit einem Stift hin- und herstoßen*

☐ **Birkenblatt** – *beim Flicken der Schuhe aufblickend
und leise murmelnd:*
Warum bin ich bloß ein Mädchen? Ich würde zu
gerne auch einmal beim Hockey mitmachen.

Aber das gibt es ja nicht.
Ein Mädchen beim Hockey? Undenkbar!

☐ **1., 2. und 3. Indianerjunge zusammen** – *laut rufend:*
Tor! Tor! Tor!

Hockeyball fällt in den Suppentopf – *einen Kiesel mit einem Plumps in ein Gefäß mit Wasser fallen lassen*

☐ **Erzähler:**
Der offene Eingang eines Tipis war das Tor.
Und kaum war der kleine Ball dort hineingeflogen,
da kam Elchkuh,
Birkenblatts Tante,
auch schon herausgestürmt.

☐ **Elchkuh** – *zornig:*
Ihr Lausejungs!
Was fällt euch ein?
Ich habe nichts dagegen,
dass ihr meinen Zelteingang als Tor benutzt,
aber ich habe etwas dagegen,
dass ihr euren Ball in meinen Suppentopf schießt!

☐ **Elchkuh** – *traurig:*
Ihr wisst doch,
dass wir Hunger leiden,
weil die Büffelherden in diesem Frühjahr einfach nicht
kommen wollen.
In meinem Zelt gibt es heute nichts anderes zu essen
als diese dünne Suppe.
Wenn da Bälle drin schwimmen,
macht uns die Suppe am Ende nicht satter,
die schmeckt nur komisch.
Also tut etwas Sinnvolles.

Ab mit euch!
Geht Fische fangen,
damit wir heute Abend nicht hungrig bleiben.

☐ Erzähler:

Und Birkenblatt sah zu,
wie ihr Bruder Wolfsjäger,
der Anführer der Jungen zwischen 8 und 12 Jahren
im Lager,
seine Bande zu sich rief.
Kurz steckten alle die Köpfe zusammen,
als würden sie sich beraten wie die großen Krieger.
Dann verkündete Wolfsjäger seiner Tante stolz:

☐ Wolfsjäger – *stolz:*

Es tut uns leid, Tante,
wenn wir in deine Suppe geschossen haben.
Wir wollen deinem Vorschlag folgen
und fischen gehen.
Dann gibt es hoffentlich mehr als nur eine dünne Suppe,
bis unsere Krieger die Büffel entdecken.
Wir Jungen können helfen,
damit alle satt werden.
Und das wollen wir jetzt auch tun.

☐ Birkenblatt – *zu sich selbst:*

Ich kann Fische sogar mit der Hand fangen!
Ich brauche nicht einmal eine Angel dazu!
Aber das will von den Jungen keiner wissen.
Die werden mich nie im Leben zum Fischen mitnehmen.

☐ Erzähler:

Schließlich ging die ganze Jungengruppe zur
Pferdeherde,
um bei den Mustangs mit den längsten Schweifen
ein paar Haare auszureißen,

die als Angelschnüre dienen sollten.

Dabei kam Wolfsjäger an Birkenblatt vorbei,

die von ihrer Mutter den Auftrag bekommen hatte,

die Mokassins des Vaters zu flicken.

Birkenblatt saß auf einem Baumstamm

und versuchte,

die gerissene Naht an der Seite der Mokassins zu schließen.

Herablassend grinste Wolfsjäger seine jüngere Schwester

an und sagte im Vorbeigehen:

☐ **Wolfsjäger** – *von oben herab:*

Mädchen ...

zu nichts zu gebrauchen.

Ihr Mädchen macht uns nicht satt,

wenn die Büffel weiterhin ausbleiben.

Das ist Männersache!

☐ **Erzähler:**

Birkenblatt bekam einen ganz roten Kopf,

so sehr schämte sie sich bei den Worten ihres Bruders.

Und sie fand auch,

dass er Recht hatte.

Was konnte sie schon tun,

damit im Lager alles gut lief?

Sie war ja wirklich bloß ein Mädchen ...

das hieß nähen, kochen, waschen,

spülen, Zelte auf- und abbauen.

Aber nicht Pferderennen reiten,

nicht kämpfen, nicht Ballspielen.

Und vor allen Dingen:

Keine Abenteuer erleben ...

Birkenblatt fand das Leben ziemlich ungerecht,

als ihre Mutter ihr die Hand auf die Schulter legte

und leise sagte:

☐ **Birkenblatts Mutter** – *leise und beruhigend:*

Dein großer Bruder weiß eine Menge,

Birkenblatt,

aber er hat deshalb nicht immer recht.

Das ist dir doch klar – oder?

☐ **Erzähler:**

Indianerkinder widersprechen ihren Eltern nicht.

Das ist einfach so üblich.

Birkenblatt hielt also höflich den Mund,

obwohl sie überhaupt nicht der Meinung ihrer Mutter war.

Aber sie seufzte tief auf.

Seufzen – *ein Seufzen nachmachen*

☐ **Birkenblatts Mutter** – *leise und beruhigend:*

Gerade hat Wolfsjäger zum Beispiel ziemlich

großen Unfug dahergeredet.

Ich bin gespannt,

wann es ihm auffällt.

Birkenblatt,

deine Großmutter braucht dich.

Geh bitte zu ihr.

Ich repariere diese Mokassins weiter.

☐ **Erzähler:**

Birkenblatts Großmutter war eine sehr angesehene

Frau im Dorf.

Sie half dem Geheimnismann manchmal beim Beten.

Vor allen Dingen war sie aber eine Heilerin.

Zu ihr kamen die Männer,

wenn sie sich verletzt hatten.

Zu ihr kamen die Frauen,

die ein Baby erwarteten.

Und zu ihr kamen die Mütter,

wenn ihre Kinder krank wurden.

BVK DE46 • Barbara Rath: LAUTER LESEN „... bloß ein Indianermädchen"

Birkenblatts Großmutter hatte die meisten
Beutel, Töpfe und Krüge
von allen Frauen im Dorf.
Darin bewahrte sie all ihre Heilmittel auf:
Das war ihre Apotheke.
Die Großmutter freute sich,
als Birkenblatt in ihr Tipi trat.

Birkenblatt – *höflich:*
Guten Morgen, Großmutter.
Die Mutter schickt mich.
Sie hat gesagt,
dass du meine Hilfe brauchst.

Großmutter:
Ah! Hallo, Birkenblatt!
Gut, dass du kommst.
Du weißt ja,
ich bin so alt,
dass ich nicht mehr gut zu Fuß laufen kann.
Aber mein Gedächtnis ist tadellos!
Deshalb habe ich mich daran erinnert,
dass an dem Bach,
der gar nicht so weit vom Lagerplatz entfernt fließt,
Weiden wachsen.
Deren Rinde senkt das Fieber
und nimmt den Schmerz,
wenn man sie trocknet, zerreibt
und einen Tee daraus kocht.
Mir ist der Weg allerdings zu weit
und zu beschwerlich.
Du müsstest auf deinen jungen Füßen
eine Weile in Richtung Sonnenaufgang gehen,
dann findest du den Bachlauf.

Komm her, Birkenblatt,

ich zeige dir,

wie die Blätter aussehen, die zu den Pflanzen

gehören,

deren Rinde du mir bringen sollst.

Ein paar habe ich noch hier im Topf.

Geräusche aus der Apotheke der Großmutter:

Klappern eines tönernen Topfdeckels – *Tasse auf einer Untertasse abstellen und kurz klappern lassen*

Rascheln der Arzneiblätter – *mit getrockneten Blättern rascheln*

☐ **Großmutter** – *bittend:*

Kannst du bitte ein großes Bündel von dünnen

Weiden-Ästchen sammeln?

Die Rinde ziehen wir dann hier gemeinsam ab.

☐ **Birkenblatt:**

Das ist leicht, Großmutter.

Die Blattform kann ich mir gut merken.

Du hast mir schon schwierigere Aufträge gegeben.

☐ **Erzähler:**

Das stimmte.

Die Großmutter bildete Birkenblatt zu ihrer Nachfolgerin aus.

Das Mädchen lernte leicht,

was es für eine Heilerin alles zu wissen gab:

Giftpflanzen von Heilpflanzen zu unterscheiden,

Arzneipflanzen zu sammeln,

richtig zu lagern und anzuwenden.

Birkenblatt war froh, einmal aus dem

Indianerdorf weggehen zu dürfen.

BVK DE46 • Barbara Rath: LAUTER LESEN „… bloß ein Indianermädchen"

Schrittgeräusche – *mit den Füßen das Geräusch von Schritten auf dem Boden nachmachen*

☐ **Erzähler:**

Seit alle hungerten,

war die Stimmung oft sehr bedrückt.

Nicht nur dass die Büffel einfach nicht kommen wollten,

Birkenblatt erinnerte sich auch genau an das letzte Frühjahr.

Da waren die Büffel zwar rechtzeitig gekommen,

aber die Nachbarn ihres Stammes,

die Schwarzfuß-Indianer,

hatten dieselbe Herde jagen wollen

wie die Männer aus Birkenblatts Dorf.

Es hatte Kämpfe mit den feindlichen Nachbarn um das

Jagdrecht gegeben.

Immerhin waren keine Toten zu beklagen,

aber es hatte Verletzte gegeben.

Auch Birkenblatts Vater trug eine Wunde bei der

Auseinandersetzung davon,

die fast den ganzen Sommer brauchte,

um wieder zu heilen.

Birkenblatt war deshalb froh,

eine Weile aus dem Dorf herauszukommen,

damit sie ihre Sorgen vergessen konnte.

Schrittgeräusche – *mit den Füßen das Geräusch von Schritten auf dem Boden nachmachen*

☐ **Erzähler:**

Vor dem Lager sangen die Vögel und die Welt war schön,

wie immer im Frühling.

Vogelzwitschern – *auf einer Flöte spielen*

Erzähler:

Das Mädchen musste wirklich eine ganze Weile
gehen,
bis es in der Ferne das Bachtal entdeckte.
Am Ufer standen die Weidenbüsche dicht an dicht.
Aber schließlich hörte Birkenblatt das Wasser rauschen.

Wasserrauschen des Baches – *aus einer Kanne Wasser in
ein anderes, mit wenig Wasser gefülltes Gefäß rinnen lassen*

Erzähler:

Am Bach begann Birkenblatt, die Ästchen zu sammeln,
die sie ihrer Großmutter mitbringen sollte.
Diese Aufgabe war wirklich leicht –
es gab Massen von diesen Büschen,
man konnte den Bach fast nicht sehen,
so dicht standen sie.

Blätterrascheln – *mit belaubten Zweigen rascheln*

Erzähler:

Ein bisschen erschrak Birkenblatt beim Sammeln.
Was raschelte da?

Ästchenknacken – *einen kleinen Ast zerbrechen*

Blätterrascheln – *mit belaubten Zweigen rascheln*

Schrittgeräusche – *mit den Füßen das Geräusch von
Schritten auf dem Boden nachmachen (eilig)*

Erzähler:

Wieder fuhr Birkenblatt herum.
Was sie dann sah,
erschreckte sie so,
dass sie keinen Ton herausbrachte.

Drei junge Krieger von Stamm der Schwarzfüße

hatten sich angeschlichen

und sie so umstellt,

dass Weglaufen unmöglich war.

☐ **1. Krieger** – *schadenfroh:*

Ein Mädchen!

Prima, dann wissen wir ja,

wer den Hasen kocht,

den wir vorhin gefangen haben!

☐ **2. Krieger** – *ebenfalls schadenfroh:*

Die nehmen wir in unser Dorf mit, als Gefangene.

Das wird uns mehr Ansehen bringen,

als dieser dumme Auftrag auszuspähen,

ob ihr Stamm nach Osten zieht

und uns bei unserer Büffeljagd dort in die Quere kommt.

☐ **3. Krieger** – *prüfend, anerkennend:*

Schaut mal,

wie schwer das Bündel ist,

das die schleppen kann.

Das wird eine richtig gute Sklavin!

☐ **Erzähler:**

Birkenblatt wurde heiß und kalt!

Das konnte doch nicht wahr sein ...

Sie war ziemlich weit von ihrem Dorf entfernt.

Niemand würde sie um Hilfe schreien hören.

Und die jungen Krieger waren auf Ruhm und Ehre aus.

Die würden furchtbar gut auf sie aufpassen,

damit sie nicht weglaufen könnte.

Und wenn Birkenblatt Pech hatte,

würde sie ihre Familie nie wiedersehen ...

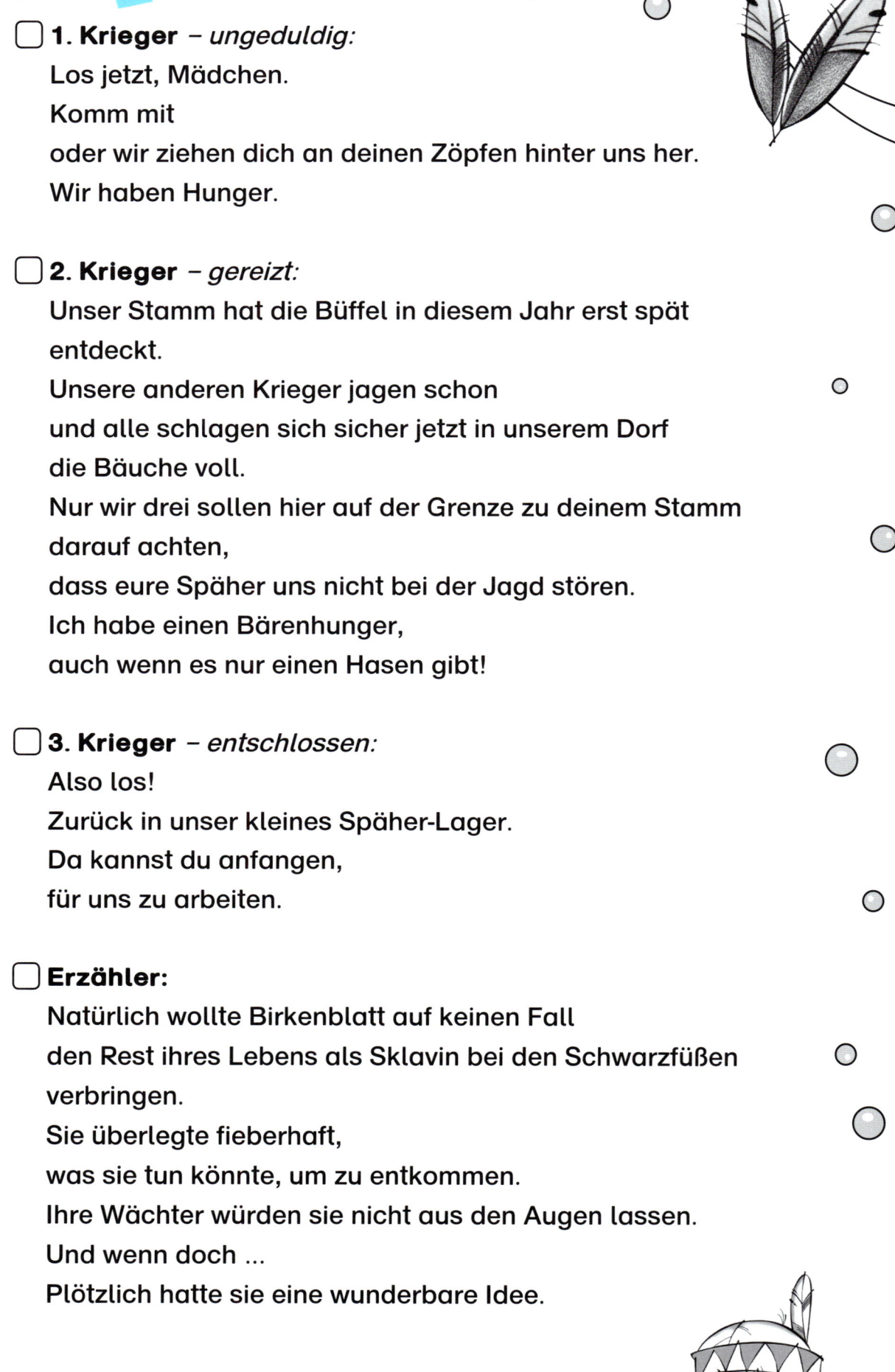

☐ **1. Krieger** – *ungeduldig:*

Los jetzt, Mädchen.

Komm mit

oder wir ziehen dich an deinen Zöpfen hinter uns her.

Wir haben Hunger.

☐ **2. Krieger** – *gereizt:*

Unser Stamm hat die Büffel in diesem Jahr erst spät

entdeckt.

Unsere anderen Krieger jagen schon

und alle schlagen sich sicher jetzt in unserem Dorf

die Bäuche voll.

Nur wir drei sollen hier auf der Grenze zu deinem Stamm

darauf achten,

dass eure Späher uns nicht bei der Jagd stören.

Ich habe einen Bärenhunger,

auch wenn es nur einen Hasen gibt!

☐ **3. Krieger** – *entschlossen:*

Also los!

Zurück in unser kleines Späher-Lager.

Da kannst du anfangen,

für uns zu arbeiten.

☐ **Erzähler:**

Natürlich wollte Birkenblatt auf keinen Fall

den Rest ihres Lebens als Sklavin bei den Schwarzfüßen

verbringen.

Sie überlegte fieberhaft,

was sie tun könnte, um zu entkommen.

Ihre Wächter würden sie nicht aus den Augen lassen.

Und wenn doch ...

Plötzlich hatte sie eine wunderbare Idee.

BVK DE46 • Barbara Rath: LAUTER LESEN „... bloß ein Indianermädchen"

☐ **Birkenblatt** – *scheinbar ängstlich:*

Natürlich koche ich für euch.

Aber es muss ja auch schmecken.

Das haben tapfere Krieger wie ihr doch verdient.

Lasst mich also bitte ein paar Würzkräuter suchen,

damit der Braten auch wirklich lecker wird.

☐ **Erzähler:**

Die drei jungen Krieger waren sehr zufrieden damit,

dass Birkenblatt so viel Respekt vor ihnen zu haben schien.

☐ **1. Krieger** – *drohend:*

Dann such, was du brauchst.

Aber denk nicht einmal daran wegzulaufen ...

☐ **Birkenblatt:**

Ich laufe nicht weg, ehrlich!

☐ **Erzähler:**

Birkenblatt hatte auch gar nicht vor zu flüchten.

Sie suchte am feuchten Ufer des Baches ein Kraut,

das ihre Großmutter ihr immer wieder gezeigt

und vor dem sie Birkenblatt gewarnt hatte.

Ein paar sehr aromatische Würzkräuter fand das Mädchen

zum Glück auch.

Gemeinsam mit den jungen Kriegern ging es schließlich

zurück zu deren Späher-Lager.

Schrittgeräusche – *mit den Füßen das Geräusch von Schritten auf dem Boden nachmachen (vier Kinder)*

Ästchenknacken – *einen kleinen Ast zerbrechen*

Blätterrascheln – *mit belaubten Zweigen rascheln*

BVK DE46 • Barbara Rath: LAUTER LESEN „... bloß ein Indianermädchen"

Erzähler:

Mit Stahl und Stein schlug einer der Krieger
Funken, um ein Feuer anzufachen.

Feuerschlagen mit Stahl und Stein – *mit einem Löffel
ca. 10 Mal auf einen großen Kiesel klopfen*

Erzähler:

Und bald grillte Birkenblatt am Spieß über dem Feuer
einen mageren Hasen,
nachdem sie ihn gründlich mit Kräutern eingerieben und
gefüllt hatte ...

Feuerknistern – *mit Klarsichtfolie knistern*

2. Krieger – *sehr zufrieden:*

Das duftet köstlich.
Hoffentlich können wir bald essen ...

3. Krieger – *schadenfroh:*

Ich fürchte allerdings, dass die Mahlzeit nicht auch
für unsere Köchin reichen wird.
Dieser Hase ist so klein,
für das Mädchen werden wohl nur ein paar Knochen
übrig bleiben.

Erzähler:

Birkenblatt freute sich innerlich bei diesen Worten,
aber sie versuchte, sehr hungrig
und bekümmert auszusehen.

Feuerknistern – *mit Klarsichtfolie knistern*

Erzähler:

Schließlich war der Hase gar.

BVK DE46 • Barbara Rath: LAUTER LESEN „... bloß ein Indianermädchen"

Birkenblatt nahm ihn vom Spieß
und zerteilte ihn vorsichtig,
sodass möglichst wenig von der Kräuterkruste
abbröckelte,
die das Fleisch wie ein Mantel überzog.
Dann sah sie still zu,
wie die drei jungen Krieger hungrig aßen.
Sie schmatzten übrigens furchtbar!

Schmatzen und Kauen – *mit dem Mund Schmatz- und
Kaugeräusche nachahmen (alle drei Schwarzfuß-Krieger)*

☐ **1. Krieger** – *begeistert:*
Köstlich!
Das Vieh ist zwar klein, aber zart!

☐ **2. Krieger** – *zufrieden:*
So lecker ...
Die Kleine kann was!
Ein guter Fang.

☐ **3. Krieger** – *gähnend:*
Endlich einmal wieder satt.
Das tut so gut!

☐ **Erzähler:**
Es dauerte nur eine kurze Weile,
dann waren die drei jungen Krieger fest eingeschlafen.
Sie wären nie darauf gekommen,
dass ein Mädchen von 9 Jahren klug und mutig genug
sein könnte,
den Hasen mit Kräutern zu würzen,
die einen Menschen einschlafen lassen
und betäuben.
Aber genau das hatte Birkenblatt getan!

Schnarchen – *Schnarchlaute nachahmen*
(alle drei Schwarzfuß-Krieger)

☐ **Erzähler:**

Kaum schliefen die drei Männer fest,
rannte Birkenblatt los.

Schrittgeräusche – *mit den Füßen das Geräusch von*
Schritten auf dem Boden nachmachen (schnell)

☐ **Erzähler:**

So schnell sie konnte,
lief sie zurück zu ihrem Heimatdorf!
Sie dachte dabei sogar daran,
das Bündel Weidenäste für ihre Großmutter mitzunehmen.
Zum Glück musste sie nicht den ganzen Rückweg laufen,
denn auf halber Strecke kamen ihr schon Reiter entgegen!

Hufklappern von mehreren Pferden – *mit Konservendosen*
auf hölzernen Schneidebrettern klappern oder Klangstäbe aus
Holz aufeinanderschlagen

☐ **Erzähler:**

Ganz vorn in der Gruppe ritt Birkenblatts Vater!
Als er seine Tochter durch die Prärie laufen und winken sah,
fiel ihm ein Stein vom Herzen.

☐ **Birkenblatts Vater** – *sehr erleichtert:*

Kind, da bist du ja!
Was ist denn passiert?
Wir haben uns große Sorgen gemacht.
Du bist furchtbar lange weggeblieben.
So lange,
dass deine Großmutter mir aufgetragen hat,
mit den anderen Kriegern des Dorfes nach
dir zu suchen.

☐ **Birkenblatt** – *ebenfalls erleichtert:*

Oh Papa,

ich bin so froh,

dass du da bist!

Du musst jetzt mit den anderen Kriegern schnell

mitkommen.

Drei junge Schwarzfuß-Krieger hatten mich beim

Rindensammeln für die Großmutter gefangengenommen.

Die wollten,

dass ich für sie koche.

Das habe ich auch gemacht.

Aber ich habe ihnen Schlafkräuter auf ihren Hasenbraten

gestreut.

Ihr könnt die großen Helden jetzt ganz einfach fesseln,

wenn ich euch den Lagerplatz zeige.

Die müssten dort noch tief und fest schlafen.

☐ **Birkenblatts Vater** – *erschrocken:*

Schwarzfuß-Krieger?

Was machen die denn so weit westlich in unserem

Stammesgebiet?

So nahe an unserem Lager waren sie ja noch nie!

☐ **Birkenblatt:**

Die waren als Späher in unserem Gebiet unterwegs,

damit wir ihren Stamm nicht bei der Büffeljagd stören.

Die Büffelherden sind auf dem Weg zu uns,

aber die Schwarzfüße halten sie wohl auf.

Wenn wir jetzt die drei jungen Krieger gefangen nehmen,

dann könnten wir sie ihrem Stamm im Tausch dafür

anbieten,

dass wir auch Büffel jagen dürfen.

Wir müssten dann nicht mehr hungern

und wir müssten nicht mit den Schwarzfüßen

wie im letzten Jahr um das Jagdrecht kämpfen.

BVK DE46 • Barbara Rath: LAUTER LESEN „... bloß ein Indianermädchen"

☐ **Regenbogen, der Häuptling von Birkenblatts Stamm** – *sehr anerkennend:*

Birkenblatt,

du bist ein kluges Mädchen!

Deine Großmutter weiß,

warum sie gerade dich als ihre Nachfolgerin

ausgewählt hat.

Dein Rat ist gut und wir Krieger werden ihn befolgen.

Eigentlich wollte ich dich zuerst wieder zurück

ins Dorf schicken,

aber ich denke,

du hast es verdient,

dabei zu sein,

wenn deine Gefangenen wach werden,

wenn wir sie ihrem Stamm zum Tausch anbieten –

und wenn die Schwarzfüße sich schwarz ärgern.

Über diese drei jungen Krieger

wird man auch in 10 oder 20 großen Sonnen noch lachen,

weil sie sich von einem kleinen Mädchen überwältigen

ließen!

Los, Birkenblatt,

setz dich zu deinem Vater auf das Pferd.

☐ **Erzähler:**

Und Birkenblatts Vater hob seine Tochter vor sich

auf sein Pferd.

Dann ritt die ganze Gruppe zu dem gut versteckten

Lagerplatz der Schwarzfüße,

die immer noch am Feuer lagen und schliefen.

Hufklappern von mehreren Pferden – *mit Konservendosen auf hölzernen Schneidebrettern klappern oder Klangstäbe aus Holz aufeinanderschlagen*

☐ **Erzähler:**

Birkenblatt durfte wirklich dabei sein,
als die drei jungen Männer
ihrem Stamm zum Tausch gegen das Jagdrecht
angeboten wurden.
Keiner der drei wagte auch nur in ihre Richtung zu sehen,
so sehr schämten sie sich für das, was vorgefallen war!
Regenbogen und der Schwarzfuß-Häuptling einigten sich,
dass beide Stämme Frieden halten würden,
solange die Frühlingsjagd dauern sollte.
Abends saßen alle vor dem Tipi der Eltern.
Birkenblatt war so müde,
dass sie nach diesem aufregenden Tag
beinahe im Sitzen einschlief.
Aber sie wollte unbedingt so lange wach bleiben,
bis ihr Bruder Wolfsjäger nach Hause kam.
Auf dem Dorfplatz tanzten die Krieger schon den Büffeltanz,
um sich auf die gefährliche Jagd am nächsten Tag
vorzubereiten.
Die Trommel des Geheimnismannes schlug dazu.

Trommelmusik – *hinter der Bühne eine Trommel zum Büffeltanz leise rhythmisch schlagen*

☐ **Erzähler:**

Schließlich trat Wolfsjäger an das elterliche Tipi.
In der Hand hielt er zwei mickrige Fische,
beide nicht länger als ein Kinderfinger.

☐ **Wolfsjäger** – *aufgeregt:*

Die Krieger tanzen den Büffeltanz.
Wo sind denn die Büffel?
Wer hat sie entdeckt?

☐ **Die Mutter** – *als wäre es die selbstverständlichste Sache der Welt:*

BVK DE46 • Barbara Rath: LAUTER LESEN „… bloß ein Indianermädchen"

Birkenblatt,
deine kleine Schwester,
hat den Kriegern gesagt,
wo die Büffel zu finden sind.

Wolfsjäger – *ungläubig:*
Das ist ja wohl ein Witz, oder?

Die Mutter – *ganz ernst:*
Ja. Doch, witzig war es schon …
Erst hat Birkenblatt ganz allein
drei junge Schwarzfuß-Krieger überwältigt,
die ihr verraten hatten,
dass ihr Stamm die Büffelherden auf ihrem Wanderweg
aufgehalten hat.
Also, die drei großen Krieger müssen wirklich
dumm dreingeschaut haben,
als ihnen klar wurde,
wer sie besiegt hat.
Das war wirklich lustig!
Und dann hat Birkenblatt
Häuptling Regenbogen einen wundervollen Plan
vorgeschlagen.
Regenbogen gefiel dieser Plan so gut,
dass er Birkenblatt dann gleich mitgenommen hat
zu den Verhandlungen mit den Schwarzfüßen.
…
Aber Wolfsjäger!
Mach den Mund zu!
Da können Fliegen reingeraten,
wenn du den so weit offenstehen lässt!
Und Fliegen im Mund sind echt eklig!

Erzähler:
Das hörte Birkenblatt noch.
Dann schlief sie lächelnd ein.

BVK DE46 • Barbara Rath: LAUTER LESEN „... bloß ein Indianermädchen"